Dieses Buch widme ich meinem Sohn Benjamin.

Dr. Sylvia Vesely

Da geht's lang zum Regenbogen

Eine farbenfrohe Märchenreise zum Energietanken

© 2020 Dr. Sylvia Vesely

Autorin: Dr. Sylvia Vesely

Illustratorin: Jana Stöger

Verlag: myMorawa von Dataform Media GmbH, Wien

www.mymorawa.com

ISBN: 978-3-99118-137-8 (Paperback)

ISBN: 978-3-99118-138-5 (Hardcover)

ISBN: 978-3-99118-139-2 (e-Book)

Printed in Austria

Das Werk, einschließlich seiner Teile, ist urheberrechtlich geschützt. Jede Verwertung ist ohne Zustimmung des Verlages und des Autors unzulässig. Dies gilt insbesondere für die elektronische oder sonstige Vervielfältigung, Übersetzung, Verbreitung und öffentliche Zugänglichmachung.

Inhaltsverzeichnis

Verwurzelt 7
Bauchgefühl 15
Farbe bekennen 23
Geben und Nehmen 31
Schrei des Selbst 39
Alles eins 47
Kind des Regenbogens 55

Verwurzelt

Klatsch machte es, als der Sonnenblumensamen unsanft auf der harten, roten Erde auftraf. Heli hieß er und fragte sich, wie in aller Welt er bloß hierhergekommen war. Es war unangenehm hier, laut, heiß, und er fühlte sich einsam und verloren. Eine blasse Erinnerung sagte ihm, dass es gerade noch wunderbar gewesen war, da wo er hergekommen war. Was war denn nur geschehen?

Enttäuscht und verärgert ringelte sich Heli in seiner Schale ein und forderte in seinen Gedanken trotzig, auf der Stelle wieder an den früheren Ort zurückgebracht zu werden. Doch es geschah nichts. Es wurde nur immer enger und unbehaglicher und er bekam schrecklichen Durst. Es schien ihm also nichts anderes übrig zu bleiben, als sich aus dem harten Kern zu wagen. Dazu musste er sich allerdings gewaltig anstrengen, er keuchte und schnaufte, aber endlich knackste es, er konnte einen kleinen Luftzug spüren und es wurde hell.

Er streckte eine kleine Wurzelzehe ins Freie und erkundete die Umgebung. Staubig und trocken war es, Steine, soweit man blicken konnte und große Gefährte und Maschinen bewegten sich bedrohlich hin und her. Die Erde bebte, dass einem Angst und Bang wurde. So hatte er sich das Ganze sicher nicht vorgestellt. Ein Gefühl von Hoffnungslosigkeit und Verzweiflung machte sich in Heli breit. Wo sollte er hier nur ein gutes Plätzchen zum Leben für sich finden, woher Wasser, Nahrung und Licht bekommen?

Er begann bitterlich zu weinen, die Tränen quollen einfach nur so aus ihm heraus und schienen nicht versiegen zu wollen. Als sich bereits eine kleine Pfütze unter ihm gebildet hatte, fühlte er sich nach und nach ein klein wenig erleichtert. Er reckte und streckte sich, bewegte die steifen Füßchen und drehte sein Köpfchen ein bisschen hin und her.

Da, er konnte es kaum glauben, erblickte er mit einem Mal in der Ferne die strahlende Sonne am wolkenlosblauen Himmel. Sie war einfach nur wunderbar, groß, stark, voll Wärme und Liebe, und er spürte in seinem Inneren, solange sie nur für ihn da war, würde schon alles irgendwie gut gehen. Ein Gefühl des Vertrauens stieg nun langsam in ihm hoch, er ließ allmählich seine ängstlichen Gedanken ziehen, und es dämmerte ihm, dass er sich diesen so unwirtlichen Platz vielleicht aus einem ganz bestimmten Grund ausgesucht hatte.

So begann er, sich nach und nach weiter auszubreiten, streckte seine Wurzelchen in die tränenerweichte, feuchte und einladende Erde unter ihm und vergrub sich neugierig tastend darin. Das kühle Nass tat ihm gut, und es begann richtig Spaß zu machen. Er konnte mehr und mehr köstliches Wasser aber auch andere Leckereien im Boden finden, und sein Hunger und Durst wurden auf wunderbare Weise gestillt. Das Getöse der Maschinen verblasste zunehmend, und er vernahm nun auch das friedliche und freundliche Gesumme der Bienen und das Zwitschern der Vögel.

Schließlich wandte sich Heli an die Sonne und rief ihr mit dankbarer und kräftiger Stimme zu: „Ja, ich will leben! Ich will groß und stark werden, ich will die Welt mit meinem Dasein erfreuen, und hier auf Erden ein Abbild deiner selbst schaffen!"

Und so wurde Heli eine wunderschöne und einzigartige Sonnenblume, die am Rande eines grauen Steinbruchs die Herzen vieler Lebewesen mit Freude erfüllte.

Und wenn sie nicht gestorben ist, dann wendet sie sich noch immer vertrauensvoll der Sonne zu und lässt all die Schatten des Lebens ganz einfach hinter sich.

Bauchgefühl

Es lebte einst in einem fernen Land eine Waldameise namens Amin, die unter einer großen Föhre am Rande des Waldes ihr kuscheliges Zuhause hatte. Amin war nicht wie die anderen Ameisen seines Volkes, er war stets heiter und unbeschwert, und er liebte Abenteuer über alles.

Eigentlich wurde von ihm erwartet, sich als Ameise aus gutem Hause tagein, tagaus im Ameisenbau nützlich zu machen, groß, stark und pflichtbewusst zu werden, damit er eines Tages eine Königin finden, Kinder haben und das Leben seiner Vorfahren führen würde.

Diese Vorstellung fand Amin allerdings überaus langweilig. Viel lieber zweigte er beim täglichen Arbeitstrupp klammheimlich irgendwo ab, um die Welt zu bestaunen und zu erkunden, auf die höchsten Baumwipfel zu klettern und von Ast zu Ast zu springen. Auch der kleine Bach am Rande des Waldes bot ihm so manches Abenteuer, konnte man doch auf die im Wasser treibenden Blätter springen und rasant über die Wellen surfen. Es war einfach nur herrlich!

So vergingen die Tage auf wunderbare Weise, doch der Ärger blieb nicht aus, sobald Amin sich dann abends wieder nach Hause schlich. Seine Eltern erwarteten ihn dort bereits voller Sorge, und üblicherweise folgten endlose Tiraden über all die Gefahren, die da draußen lauerten, sein mangelndes Pflichtbewusstsein und die Appelle an sein Ehrgefühl als Ameise, sollte er doch seine Ausbildung bald abschließen und seinen wahren Aufgaben für das Volk nachkommen.

Lag Amin dann endlich in seinem Bettchen, fühlte er sich elend und schuldbewusst, liebte er seine Eltern doch über alles und wollte sie stolz machen. Fest nahm er sich vor, es am folgenden Tag besser zu machen, ein braver Sohn und eine richtige Waldameise wie aus dem Bilderbuch zu sein.

Doch der nächste Morgen kam und das Leben packte ihn erneut mit all seinen Wundern und Geheimnissen, die es zu erforschen galt.

An einem besonders schönen Tag, als die Sonne wieder einmal einladend durch das Blätterdach blitzte und das feuchte Moos seinen würzigen Duft verbreitete, war Amin wie so oft frohgemut auf dem Weg zum Bach. Plötzlich vernahm er ein ungewohntes Geräusch am Wasser, er duckte sich hastig und lugte vorsichtig hinter einem Blatt hervor.

Doch was er da sah, verschlug ihm schier den Atem. Eine anmutige Gestalt, eingehüllt in das orangefarbene Licht der Morgensonne, tummelte sich am Rande des Wassers und spielte kichernd in den Wellen. Es war ein Ameisenmädchen, so wunderschön wie er es noch nie in seinem Leben gesehen hatte. Ein kleines Krönchen zierte ihr hübsches Gesicht. Es musste wohl eine Prinzessin des Wiesenvolkes sein, das mit den Waldameisen seit jeher erbitterte Kämpfe führte. Amin wusste, dass jeder Kontakt zu Wiesenameisen strikt verboten war und mit Verbannung bestraft wurde. Er zögerte, wollte umkehren, aber da knackste es unter ihm und die Prinzessin sah mit einem Mal direkt in seine Richtung. Ihre Blicke trafen sich, ein Funke sprang über und entzündete ein Feuerwerk der Gefühle in seinem Bauch und erfüllte nach und nach wohlig seinen ganzen Körper.

Amin war wie verzaubert, mit einer Selbstverständlichkeit schritt er auf sie zu, schaute ihr tief in die Augen und nahm sie dann liebevoll an der Hand. Es bedurfte keiner weiteren Worte. Eine nie dagewesene Glückseligkeit verband die beiden in dem Moment der Berührung und es war, als würden sie in ihrem Gefühl eins werden.

Amin wusste sofort, dass er nun die wichtigste Entscheidung seines Lebens zu treffen hatte. Er blickte noch einmal zurück zum quirligen Bau der Waldameisen, fühlte all die Dankbarkeit und Liebe in sich, die er für immer in seinem Herzen tragen würde, aber auch das klare und schmerzliche Gefühl eines Abschieds. Nach einem letzten wehmütigen Seufzer griff er sodann entschlossen nach einem großen, saftiggrünen Blatt, legte seinem Arm zärtlich um die Prinzessin und glitt mit ihr ins Wasser, um einzig seinem Gefühl und seiner wahren Bestimmung zu folgen.

Und wenn sie nicht gestorben sind, dann treiben die beiden auch heute noch glücklich und zufrieden der orangegoldenen Sonne entgegen.

Farbe bekennen

Auf einer hübschen bunten Wiese lebte einst ein Zitronenfalterjunge mit dem wunderbaren Namen Sol. Seine Eltern hatten ihn nach dem lateinischen Wort für Sonne benannt, denn sie waren für Schmetterlinge äußerst gebildet und hatten die Erwartung, dass auch ihr Sohn so hell wie die Sonne strahlen und in jeder Hinsicht ein leuchtendes Vorbild für die anderen Falter der Wiese sein würde.

Doch weit gefehlt, Sol wuchs zu einem dünnen, ängstlichen und unsicheren Jungen heran, seine Flügelchen waren klein und in unscheinbarem Blass-Grün gehalten. Keine Spur vom typisch-männlichen, kräftigen Zitronengelb seiner Gattung, und so musste er den täglichen Spott und Hohn seiner Mitschüler ertragen, die meinten, er sähe aus wie ein Mädchen. Oft war er niedergeschlagen und einsam, spürte er doch nur zu deutlich die unausgesprochene Enttäuschung der Eltern und die Ablehnung seiner Sippe. Wozu war er überhaupt da? Wer brauchte ihn schon, und was sollte nur aus ihm werden?

Er schämte sich seiner selbst, zog sich mehr und mehr zurück und vergrub sich in der wenig besuchten Leseecke der Falterschule. Aus Langeweile griff er zu den Büchern und entdeckte dort nach und nach eine vollkommen andere Welt, eine Welt voller Märchen, Abenteuer und Helden.

In Gedanken reiste er hier in ferne Länder, studierte die Geheimnisse der Natur, die Gesetze des Himmels und der Erde. Er sog alles auf wie ein Schwamm und verbrachte Stunden und Tage damit, all die Entdeckungen und seine vielen Gedanken zu ordnen, aber auch seinen grenzenlosen Fantasien und Träumen freien Lauf zu lassen.

Eines Tages, als er wieder einmal so vor sich hin sinnierte, stieg plötzlich aus dem Nichts ein Gefühl, eine Vorahnung in ihm hoch, dass etwas Schlimmes passieren könnte. Er erschrak, flatterte hoch, doch sah er in der Ferne nur eine Gruppe von Faltern, die gerade Vorbereitungen für das alljährliche Sommerfest traf. Auch seine Mutter war darunter und machte sich wichtig am Buffet zu schaffen.

Gerade als er sich wieder zornig über seine eigene unnötige Ängstlichkeit abwenden wollte, entdeckte er hinter einem Grasbüschel eine Echsenfamilie, die sich mit weit geöffnetem Maul an die Schmetterlinge heranpirschte.

Es schnürte ihm vor Angst die Kehle zu, doch selbst wenn er hätte schreien können, waren seine Lieben viel zu weit weg, um ihn zu hören.

Er musste etwas tun, um das Unheil abzuwenden, und er musste jetzt rasch handeln. Nach einem prüfenden Blick auf den Stand der Sonne schnappte er sich hastig ein paar verfügbare Glanzgrashalme, richtete sie kurzerhand genau so aus, dass das Sonnenlicht mit einem gebündelten Strahl auf das Gesicht der Echsen reflektiert wurde. Diese wandten sich geblendet und erschrocken ab, und durch das ungewohnte Lichterspiel wurden auch die Schmetterlinge auf die Gefahr aufmerksam, flogen rasch empor und brachten sich alle noch rechtzeitig in Sicherheit.

Erleichtert atmete Sol einmal tief durch und versuchte sich zu erinnern, was eigentlich gerade geschehen war. War er das gewesen? Hatte er diese geniale Idee gehabt? Ja, er war es gewesen, er allein, er hatte seine Sippe gerettet! Unglaublicher Stolz erfüllte ihn, und er konnte endlich seinen Wert erkennen, er wusste nun, wer er war und welch großartige Fähigkeiten er besaß.

Da begann sich in seinem Inneren ein wunderbares, neues Gefühl zu regen, warm durchströmte es ihn vom Kopf bis in die kleinste Flügelspitze. Er begann mehr und mehr zu strahlen, ein Strahlen, das ihn vollkommen erfasste und immer mehr nach außen drang, seine Flügel in eine goldgelbe, leuchtende Farbe tauchte, eine Farbe, die einmalig unter den Schmetterlingen war. Dies war seine wirkliche Farbe, sein inneres Licht, zu dem er sich nach so langer Zeit nun endlich bekennen konnte.

Und wenn er nicht gestorben ist, dann trägt er auch heute noch seine Farbe hinaus in die Welt und macht sie damit bunter und reicher für alle.

Geben und Nehmen

Überglücklich war Suki, als ihr Sohn Mio zum ersten Mal das Licht der Welt erblickte. Er war ein wunderschönes Rehkitz, die dunklen, sanftmütigen Augen, mit denen er sie vertrauensvoll anblickte, die zarten Beinchen, das weiche Fell, das so unglaublich gut roch, die weißen Pünktchen, die auf seinem kleinen Rücken wie die Sterne des Abendhimmels erschienen. Ja, er war einzigartig, und seine Mutter hatte schon so lange auf ihn gewartet.

Suki leckte und koste ihn sanft am ganzen Körper und legte sich dicht zu ihm, um ihn zu wärmen und zu säugen. Mio kuschelte sich an sie heran, und die beiden verschmolzen in diesem einmaligen Moment der Glückseligkeit.

Suki war eine ganz wunderbare Mutter, liebevoll, sanft, klug und geduldig. Sie liebte Mio aus vollem Herzen, überschwänglich und bedingungslos, und er war ihr größter Schatz auf Erden. Sie behielt ihn stets im Auge, ermutigte ihn zu seinen ersten Schritten und zeigte ihm immer wieder aufs Neue, wie er ein schneller und geschickter Läufer werden konnte. Sie lehrte ihn, welche Gefahren im Wald lauerten, und wovor er sich stets in Acht zu nehmen hatte.

Seine Ernährung war ihr ebenfalls wichtig, sie erklärte genau, auch wenn es ihn manchmal schrecklich langweilte, welche Kräuter und Gräser ihm guttaten, welche Triebe und Knospen am leckersten und gesündesten für ihn waren. Die besten Leckereien des Waldes hob sie Mal für Mal nur für ihn auf, und es war ihr das größte Glück, alles zu geben, die Freude und die Begeisterung in seinen Augen zu sehen und sich dadurch selbst lebendig zu fühlen.

Sie dachte, es wäre ihr bestimmt, mit aller Kraft dafür zu sorgen, dass er sein Leben genießen und gesund und glücklich heranwachsen konnte. Das Schönste war es aber, wenn sie gemeinsam lachten und spielten und in der Abenddämmerung auf den Wiesen herumtobten. Da schien die Zeit für sie beide still zu stehen, und sie waren nur noch Gefühl, nur noch Liebe, eins miteinander und der ganzen Welt.

So gern Suki wohl jede Minute mit ihrem Sohn verbracht hätte, so sehr wollte sie aber auch ihre anderen Aufgaben im Wald nicht vernachlässigen. Schon immer hatte sie sich um Tiere in Not gekümmert, so hatte sie für jeden in schwierigen Zeiten ein offenes Ohr, ein liebevolles, aufmunterndes Wort parat und pflegte die Kranken stets hingebungsvoll. Sie liebte es einfach, für andere da zu sein und zögerte nie, ihre Dienste anzubieten.

Die Monate zogen ins Land, Mio war bereits ein stattlicher junger Bursche, als der Herbst schließlich mit seinem kalten und rauen Klima hereinbrach, und Suki bemerkte, dass sie schnell aus der Puste kam, wenn sie mit ihm herumtollen wollte. Sie dachte nicht weiter darüber nach und kümmerte sich nach wie vor hingebungsvoll um ihn und alle anderen, die ihre Hilfe benötigten.

Sie begann aber nach und nach magerer zu werden, ihr Fell verlor an Glanz und ihre sanften, dunklen Augen wurden matter und trüber. Das Aufstehen wurde von Tag zu Tag beschwerlicher, bis sie eines grauen, nebeligen Morgens das Gefühl hatte, keine Luft mehr zu bekommen, und sie die Kraft nicht aufbringen konnte, ihr Nachtlager zu verlassen.

Mio versuchte sie anzutreiben, doch merkte bald, dass etwas mit seiner Mutter nicht stimmte. Beherzt rannte er los, um Hilfe für sie zu holen. Er trommelte die Waldbewohner zusammen, und da jeder Suki mochte, wollten sie alle gerne etwas beitragen. Die Eule trug heilende Kräuter zusammen, die Eichhörnchen sammelten nährende Nüsse und Samen, die Hasen hoppelten los, um einen riesigen Korb mit saftigem Grün zu füllen. Mio webte geschickt mit seinen Hörnchen eine grüne, schützende Decke aus weichen Zweiglein und Blättern. Es war ein geschäftiges Treiben im Wald, aber getragen von Liebe und Fürsorge für die langjährige Freundin und Mutter.

Als sie mit all den Geschenken bei Suki ankamen, winkte diese ab und meinte, man solle sich nicht um sie sorgen, das würde schon alles von selbst wieder werden.

Streng sagte jedoch die weise Eule: „Es ist genug! Du hast alles bereitwillig und aufopfernd für uns gegeben, aber dein Körper spricht zu dir und bittet dich zu erkennen, dass es eine Zeit des Gebens wie auch eine Zeit des Nehmens gibt, die jetzt für dich gekommen ist!"

Da wagte Suki nicht zu widersprechen, erkannte sie doch auch die Wahrheit in den Worten des lebenserfahrenen Vogels und begriff, dass sie ihr großes Herz nicht nur für andere, sondern auch für sich selbst öffnen musste, um leben zu können. Dankbar nahm sie daher Medizin und Nahrung zu sich, kuschelte sich in das wunderbare Deckchen und schlief voll Vertrauen und mit der Gewissheit ein, nun bald wieder gesund zu werden.

Und wenn sie nicht gestorben ist, gibt und nimmt sie auch heute noch gleichermaßen, liebt sich genauso wie die anderen und tollt mit offenem Herzen und voller Lebensfreude über die grünen Wiesen.

Schrei des Selbst

„Eltern haben null Ahnung" fiepte Kyra, die kleine Möwe mit ihrer hohen, dünnen Stimme trotzig in sich hinein. Gerade hatte sie noch solchen Spaß mit ihren Geschwistern im Wasser gehabt, als ihre Eltern sie zum wiederholten Male ermahnten, dass es schon spät sei und sie endlich zurück ins Nest müssten. Auf Kyras Frage nach dem Warum, hieß es nur: „Weil ihr schon müde seid, und weil wir es sagen. Punkt!"

Dabei war Kyra alles andere als müde, und sie war ja als Erstgeschlüpfte schon richtig groß. Sie traute sich aber dennoch nicht, nochmals zu widersprechen, sah sie doch bereits den Vater seinen ach so strengen Silbermöwenblick aufsetzen und vernahm seinen lauten, bestimmenden Tonfall. So kuschelten sich also die Kleinen und Großen brav im Möwenbettchen zusammen und waren nach dem langen Tag auch sogleich eingeschlafen.

Nur Kyra nicht, sie lag am Rande des Nestes und blickte auf das Meer, das der aufgehende Mond bereits in ein silbern glänzendes Licht getaucht hatte. Wie einladend es doch aussah, wie gut eine kleine abendliche Erfrischung ihr doch noch tun würde! Mit klopfendem Herzen blickte sie in Richtung ihrer Eltern. Das regelmäßige Atmen der Mutter und die wiederholten Schnarch- und Schnattergeräusche des Vaters ermutigten sie, sich vorsichtig und heimlich aus dem Nestchen zu schleichen.

Ein paar Schritte noch, dann glitt sie leise und unbemerkt ins Wasser. Was für eine Wohltat! Kyra fühlt sich groß und stark und frei wie ein richtiger Vogel. Ein paar kleine Wellen kamen auf, und das Möwenmädchen fand Freude daran, mit ihrem Schnabel lustige, kleine Wellenbildchen hinein zu malen. Als der Seegang etwas höher wurde, war es herrlich, in den Wellen zu tanzen und durch sie hindurch zu tauchen. Wie schön war doch das Leben, und wieviel Spaß konnte man haben, wenn man nur selbst bestimmen konnte!

So verging die Zeit wie im Flug, und nach einer Weile wurde es langsam etwas kühl, Wolken zogen auf und der Mond verschwand dahinter. Müde war Kyra nun auch geworden, also beschloss sie, in ihr Nest zurückzukehren. Doch wo war das gleich? Kyra blickte sich um, schwamm auf und ab, aber sie konnte das heimatliche Ufer nirgendwo entdecken. Da machte sich Panik in ihr breit, sie war ja ganz allein da draußen und hatte nicht die leiseste Ahnung, wohin sie schwimmen sollte. Sie wollte um Hilfe rufen, doch es kam vor lauter Angst kein einziger Ton aus ihr heraus, noch nicht mal ein kleiner Möwenkinderpieps. So strampelte sie orientierungslos hin und her, erkundete die eine, dann die andere Richtung, mühte sich ab, bis sie vor lauter Erschöpfung schließlich im Wasser treibend einschlief. Am nächsten Morgen erwachte sie, als sie einen Stoß in die Flanke verspürte. Verschlafen dachte sie, dass ihr kleiner Bruder sie wieder einmal ärgern und wecken wollte, doch dann bemerkte sie das kühle Nass um sich herum und öffnete rasch die Augen.

Sie entdeckte einen Ast an ihrer Seite, der sie wohl von den Wellen geschaukelt berührt hatte und vor sich eine kleine Insel, die sie noch niemals gesehen hatte. Es war also alles doch kein böser Traum gewesen! Sie war allein und auf sich gestellt und wusste nicht, wie sie jemals wieder nach Hause finden sollte.

Mit hängenden Möwenschultern betrat Kyra ängstlich das sandige Ufer. Sie bereute ihren Übermut zutiefst und vermisste ihre Familie unsäglich. So verzweifelt hatte sie sich noch nie zuvor gefühlt. Zudem war sie hungrig, als hätte sie tagelang nicht mehr gefressen. So schritt sie zunächst den Strand auf und ab und fand glücklicherweise recht bald ein paar Krebschen zum Knabbern und sogar einen leckeren kleinen Fisch. Dann sah sie sich auf der Insel um, spähte in alle Himmelsrichtungen, aber konnte nicht herausfinden, wo sie war. Es war schwer, aber sie wusste, sie durfte jetzt nicht den Mut verlieren.

Also grübelte und grübelte sie, bis ihr schließlich klar wurde, dass sie durch Schwimmen allein niemals zurückkehren konnte. Doch das Fliegen hatte sie noch nicht gelernt. Naja, ein paar Übungsstunden hatte sie schon gehabt, aber leider nicht sonderlich aufgepasst, sondern im Unterricht mit ihren Freunden getratscht. Wie leid ihr das alles jetzt tat! Doch es half nichts, es galt sich zusammen zu reißen, zu üben, zu üben und nochmals zu üben.

Und das tat sie dann auch, tagein tagaus, geplagt von vielen misslungenen Versuchen, aber auch manch kleinen Erfolgen. Sie spornte sich immer wieder aufs Neue an und glaubte fest daran, dass sie es irgendwann schaffen und dann ihre Familie wiedersehen konnte.

Und eines Tages war es soweit, größer war sie geworden und stärker, und als sie von einem Felsvorsprung abhob, hatte sie endlich den Dreh heraus. Sie flog hoch hinauf in die Luft, höher und höher, bis sie sich eins mit dem Himmel fühlte und war glücklicher und stolzer als jemals zuvor. Hoch oben erblickte sie in der Ferne vage das Festland, und sie wusste nun, wohin sie zu fliegen hatte. Mühelos glitt sie dahin, getragen von den Winden und der Liebe in ihrem Herzen. So fand sie zurück in ihre Heimat, zu ihrer Kolonie und nach einer Weile sehnsüchtigen Suchens auch zu ihren Eltern und Geschwistern, denen sie freudestrahlend um den Hals fiel. Ihr Herz war zum Bersten gefüllt mit Gefühlen, die sie nun einfach herauslassen und mit allen teilen musste. Und da war er plötzlich, der Schrei, so kräftig, tief und bedeutungsvoll, dass er nicht nur die anderen Möwen, sondern auch sie selbst überraschte. Dies war ihre Klangfarbe, ihr ureigenster Ton, das, was sie, Kyra, ausmachte, das war der Schrei ihres Selbst, den sie nun endlich in die Welt hinaustragen konnte.

Und wenn sie nicht gestorben ist, dann schreit und fliegt sie auch heute noch frei und ihrem Herzen folgend hoch oben am lichtblauen Himmel in die von ihr immer wieder aufs Neue gewählte Richtung.

Alles eins

Frodo und Quinn waren die besten Freunde, schon immer, schon seit sie als unbeholfene Kaulquappen an Rande des Tümpels herumgepaddelt waren.

Doch heute waren sie schon zwei richtige tüchtige Froschburschen, die bei Tag und bei Nacht durch die Sümpfe zogen und ihr junges Leben in vollen (Schwimm)Zügen genossen.

Sie liebten es, auf den grünfarbigen Seerosenblättern die Sonnenaufgänge zu beobachten, den Duft der Blüten tief in sich aufzunehmen, dem Zirpen der Grillen zu lauschen und diese dann auch gelegentlich genüsslich zu verkosten.

Danach sprangen sie meist mit einem wagemutigen Kopfsprung ins Wasser, spürten das belebende, kühle Nass auf ihrer Haut und spielten und tobten lachend umher, bis ihnen irgendwann die Puste ausging.

Sie hatten auch unzählige Pläne für die Zukunft, wollten die ganze Welt bereisen und gemeinsam entdecken, welche Abenteuer und Wunder diese für sie bereithielt. Ihr Leben war also einfach nur vollkommen!

Eines Morgens wurde Frodos Nase von der soeben aufgehenden Sonne gekitzelt, er wollte sogleich Quinn wecken, damit dieser das Schauspiel der Sonne über dem Teich nicht verpasste, doch dieser war nirgends zu entdecken. Verwundert begann Frodo nach ihm Ausschau zu halten, er rief seinen Namen, klapperte all ihre Lieblingsplätzchen ab, suchte und suchte, doch es war vergeblich. Der Tag neigte sich bereits wieder dem Ende zu und Frodo war mutlos und mit seinen Kräften am Ende, hatte er doch bei all den Anstrengungen auch das Essen und Trinken vollkommen vergessen.

Er setzte sich an den Rand des Teiches und begann bitterlich zu weinen, es waren Tränen der Sorge um Quinn, der Angst, dass ihm etwas Schreckliches zugestoßen war, aber auch der Traurigkeit und Wut, weil Quinn sich vielleicht ohne ihn auf Reisen gemacht hatte und er allein zurückbleiben musste.

Erschöpft ließ sich Frodo schließlich zurückfallen und blickte hinauf zu den aufgehenden Sternen. Er lag da und starrte einfach nur vor sich hin, vollkommen regungslos.

Der Wind berührte ihn sanft an der Schulter und erinnerte ihn an die liebevollen Knuffe und Umarmungen seines Freundes. Die kleinen Wellen plätscherten leise vor sich hin und gepaart mit dem Rascheln des Schilfes, hatte er den Eindruck, Quinns glucksendes Kichern vernehmen zu können. Es war, als wäre sein Freund ganz dicht bei ihm.

Und plötzlich sah er aus dem indigofarbenen Blau über ihm eine wunderschöne Sternschnuppe direkt auf ihn herabstürzen, wie ein goldfarbener Kopfsprung des Himmels auf die Erde.

Der goldene Funke traf ihn mitten ins Herz, und er fühlte sich mit einem Mal warm, wohlig und geborgen. Frodo wusste jetzt tief in seinem Inneren, dass er in Wirklichkeit niemals von seinem Freund getrennt sein würde, da er ihn mit einer anderen Art von Augen immer sehen und mit ihm verbunden bleiben konnte. Er würde fortwährend da sein, in seinen Gedanken, Erinnerungen und in seinem Herzen, wie auch seine Liebe und Energie für immer Teil dieser Welt bleiben würde.

Denn nichts kann verloren gehen, es wandelt und erneuert sich, kommt und geht, ändert fortwährend seine Gestalt, aber bleibt immer Teil eines großen Ganzen, in dem niemand getrennt, niemand allein, sondern wir alle eins sind.

Und wenn er nicht gestorben ist, dann springt er auch heute noch voll Freude kopfüber mit all seinen Sinnen hinein in ein wunderbares Leben und all dessen Dimensionen.

Kind des Regenbogens

„So eine Kacke, nicht schon wieder!", schallte es aus einer dicken Mistkugel heraus, die mit zunehmender Geschwindigkeit eine kleine Sanddüne herunterrollte. Die Stimme gehörte Thaddäus, einem Mistkäfer mittleren Alters, der sich wieder einmal beim Formen seiner Kugel prompt darin verheddert hatte und nun mit ihr zusammen talabwärts kullerte.

Unten angekommen schnaufte er erst einmal kräftig durch und versuchte seine schmerzenden Glieder langsam wieder in Bewegung zu bringen. Es drehte sich noch alles um ihn herum, sein ganzer Körper tat ihm weh, und er plagte sich, taumelnd auf die Beine zu kommen und schließlich den Schmutz und Sand wieder von ihm abzuschütteln.

Eigentlich war Thaddäus ja nicht nur irgend so ein dahergelaufener Mistkäfer, nein, er gehörte der seltenen Gattung der Regenbogen-Skarabäen an, die schon seit Urzeiten als Symbole für Schöpferkraft und Glück verehrt wurden. Davon hatte Thaddäus aber herzlich wenig, er selbst fühlte sich nämlich nicht gerade vom Glück verfolgt und der Schöpfer hatte sich offensichtlich auch nicht allzu viel Mühe mit ihm gegeben. Immer schon war er ungeschickt gewesen, brachte nichts so richtig auf die Reihe und farblich war er aus seiner Sicht auch nicht gerade eine Augenweide.

Die Regenbogenfarben Rot, Orange, Gelb, Grün, Hell- und Indigoblau waren meist nur ansatzweise an ihm zu erahnen, von der letzten Farbe Violett fehlt leider überhaupt jede Spur. Immerzu schien auch irgendein Dreck an ihm zu kleben, er zog diesen wie ein Magnet an, und wenn er versuchte, sich mit einer seiner Regenbogenfarben zu beschäftigen und sie zu säubern, prompt verblasste schon wieder irgendein anderer Farbton an ihm, sosehr er sich auch bemühte, in allen Farben zu strahlen. So fühlte er sich stets unvollkommen und gewiss nicht wie ein richtiger Regenbogen-Skarabäus. Stattdessen war er geplagt von Selbstzweifeln und Ängsten, litt unter Einsamkeit und innerer Leere. Er machte sich unzählige Gedanken zu seiner Vergangenheit sowie Sorgen um seine Zukunft, strengte seinen Verstand immer wieder aufs Neue an, um sich und sein Leben zu verbessern, aber scheiterte letztendlich meist kläglich.

So wie auch eben in diesem Moment wieder. Nach seiner abenteuerlichen Dünentalfahrt fühlte er sich einmal mehr wie ein armseliger, dreckiger kleiner Mistkäfer, und das Glück schien so unendlich weit entfernt. Da er sich selbst gar nicht mehr ansehen wollte, vergrub er sich erschöpft und verdrossen im Sand und schloss fest seine Augen, mit dem Wunsch, sie auch nie mehr wieder öffnen zu müssen.

So lag er nun da, reglos und starr, während sich die gewohnten negativen Gedanken, Gefühle und Stimmen in seinem Kopf einfach selbständig machten und zu einem totalen Wirrwarr aufschaukelten. Nach einer Weile begann Thaddäus aber diese langsam interessierter zu beobachten und allmählich aus einem etwas anderen Blickwinkel zu betrachten. Er fragte sich, wo sie eigentlich herkamen, ob sie tatsächlich sein eigentliches Wesen ausmachten und bestimmten, oder ob da vielleicht doch noch etwas anderes war.

Mit der Zeit konnte er auch wieder den warmen, goldfarbenen Sand um sich herum spüren, die sanfte Brise und das Rauschen des Meeres in der Ferne wahrnehmen. Es beruhigte ihn, und er ließ zu, dass der Rhythmus der Wellen nach und nach seine Gedankenspiralen aufbrach und forttrug, auch von den unangenehmen Stimmen und Gefühlen konnte er sich verabschieden und sie mit dem Wind ziehen lassen. Seine Sinne waren ganz nach innen gerichtet, und er fühlte sich plötzlich wie ein ganz kleines Kind, das nur im Hier und Jetzt zu Hause war und keinerlei Zugang zu Vergangenheit oder Zukunft hatte.

Eine nie dagewesene Ruhe erfüllte ihn nun, während er gleichzeitig aufgeregt und neugierig weiter in sein Innerstes spähte. Und was er dort schließlich entdeckte, übertraf alles bisher Vorstellbare. Denn plötzlich sah er in sich selbst einen wunderbaren Regenbogen, der überirdisch schön in allen Farben von Rot bis in das ersehnte satte Violett schimmerte und funkelte und gleichzeitig in ein strahlend weißes Licht voller Wärme und Liebe überging, das ihn vollständig einhüllte und erleuchtete. Er fühlte die Verbindung seines irdischen Daseins mit dem Göttlichen, dem großen Ganzen in einer Weise, die nicht in Worte zu fassen war.

Er begriff nun, dass er seinen göttlichen Kern, seine innere Schönheit und seine wahre Natur gefunden hatte und nie mehr wieder im Außen nach den Farben und dem Glück suchen musste. Er verspürte Liebe, Freude und Frieden auf einer neuen, tieferen Ebene und fühlte sich eins mit allen Schöpfungen des Universums.

Und auch wenn er bereits gestorben sein sollte, ist er gewiss auch heute noch mit dem reinen göttlichen Licht und mit allen Kindern des Regenbogens in der bunten Fülle und Glückseligkeit des unendlichen Seins verbunden und für immer allgegenwärtig.